PHILIPPE GELUCK & DIEU

LA BIBLE SELON LE CHAT

www.geluck.com
www.casterman.com/lechat

Ce livre premier constitue, avec le livre second, la Bible selon le Chat (978-2-203-07710-2). Il ne peut être vendu séparément.

Achevé d'imprimer en juillet 2013, en France par Pollina S.A. - L65410A. Dépôt légal : octobre 2013 ; D. 2013/0053/422.

AU COMMENCEMENT,
IL Y AVAIT LES
TÉNÈBRES...

ET DIEU N'AYANT PAS ENCORE CRÉÉ
LA LAMPE TORCHE, IL ÉPROUVA
QUELQUES DIFFICULTÉS À TROUVER
L'INTERRUPTEUR...

BANG!
OUILLE !
OÙ SE TROUVE CE D'INTERRUPTEUR ?
ET COMME IL S'ÉTAIT COGNÉ, IL APPELA CE JOUR "LE BIG BANG" ET IL SE DIT "CELA N'EST PAS BON"

DIEU DIT :
QUE LA LUMIÈRE SOIT !
ET LA LUMIÈRE FUT
ET DIEU VIT QUE CELA ÉTAIT BON

Si J'AVAIS SU, J'AURAIS CRÉÉ LE TABOURET APRÈS AVOIR ALLUMÉ
CELA DIT, IL EST PAS MAL RÉUSSI POUR UN TRUC BRICOLÉ DANS LE NOIR
CLIC

LE DEUXIÈME JOUR, DIEU SÉPARA LE CIEL ET LA MER
ET J'APPELLERAI CETTE LIGNE "L'HORIZON" QUAND ON LA VERRA DE LOIN
VUE DE PRÈS, ELLE N'AURA PAS DE NOM

ET LE JOUR SUIVANT, DIEU SÉPARA LA TERRE (LE SEC) ET LA MER (LE MOUILLÉ), ET IL VIT QUE CELA ÉTAIT BON
TIENS, ET JE FERAIS BIEN DES MARÉES HAUTES ET DES MARÉES BASSES, TANT QUE J'Y SUIS
ÇA PERMETTRA D'INSTALLER DES PÉDALOS ET ON VA BIEN SE MARÉE !
PREMIER JEU DE MOTS DE DIEU

ENSUITE, DIEU DIT : "QUE LA TERRE PRODUISE DE L'HERBE, DES PLANTES ET DES ARBRES" (CE N'EST PAS POUR CRITIQUER, MAIS DIEU PARLE TOUT SEUL)
ET JE VAIS AUSSI SEMER DES LÉGUMES
AVEC TOUT ÇA, JE N'AI RIEN BOUFFÉ DEPUIS 2 JOURS ET D'ICI QUE JE CRÉE LA VIANDE, IL SE PASSERA ENCORE 48 HEURES ! J'AI TROP LA DALLE, MOI !
OBSERVONS BIEN CE RÂTEAU CAR IL RISQUE DE S'AVÉRER IMPORTANT DANS LA SUITE DE L'HISTOIRE

VLAN!

ET DONC IL SE PRIT LE RÂTEAU ET IL VIT QU'IL Y AVAIT DES CORPS LUMINEUX À LA VOÛTE DES CIEUX ET IL LES APPELA LES ÉTOILES. ET IL FUT TROP CONTENT DE CONSTATER QUE SES SEMAILLES ÉMERGEAIENT DE TERRE
FOUETTE ! L'HERBE ET LES V'ARBRES POUFFENT ! FELA EST BON !
OBSERVONS LA DENT QUI SE TROUVE DANS SA MAIN. ON EN REPARLERA

ET IL FIT DEUX CORPS LUMINEUX : LE PLUS GRAND POUR DOMINER LE JOUR ET LE PLUS PETIT POUR VEILLER SUR LA NUIT. ET UNE FOIS DE PLUS, IL FUT CONTENT DE LUI.
ET CE FUT LE SOIR ET LE MATIN DU 4E JOUR
CELA EST BON
À NOTER QUE LES JOURS D'AVANT, IL N'Y AVAIT EU NI SOIR NI MATIN ET DONC ON NE SAIT PAS D'OÙ POUVAIT VENIR LA LUMIÈRE... MAIS BON, COMME JE L'AI DÉJÀ DIT, JE NE SUIS PAS LÀ POUR CRITIQUER
ARBRES POUSSÉS EN UNE JOURNÉE

ET LE CINQUIÈME JOUR, DIEU CRÉA LES POISSONS ET TOUT CE QUI VIT DANS L'EAU
AAABRACADABRA ! ET HOP !
J'SUIS TROP FORT !
MERCI, DIEU, DE NOUS AVOIR DONNÉ LA VIE ! EH ! VENEZ VOUS BAIGNER, ELLE EST TROP BONNE !
CE NE SERAIT PAS DU LUXE DE PIQUER UNE PETITE TÊTE : 4 JOURS SANS DOUCHE, JE DOIS COMMENCER À FOUETTER GRAVE

ET DIEU QUI AVAIT UN PETIT CREUX PÊCHA UN BAR DE LIGNE ET SE LE FIT FRIRE À LA POÊLE. ENSUITE, IL LE MANGEA ET DIT :
CELA EST DRÔLEMENT BON !
ET CE POISSON EST FRAIS DU JOUR*
* DIEU FAIT REMARQUER TRÈS FINEMENT QUE LE POISSON NE POURRAIT ÊTRE PLUS FRAIS PUISQU'IL L'A CRÉÉ LE JOUR MÊME.

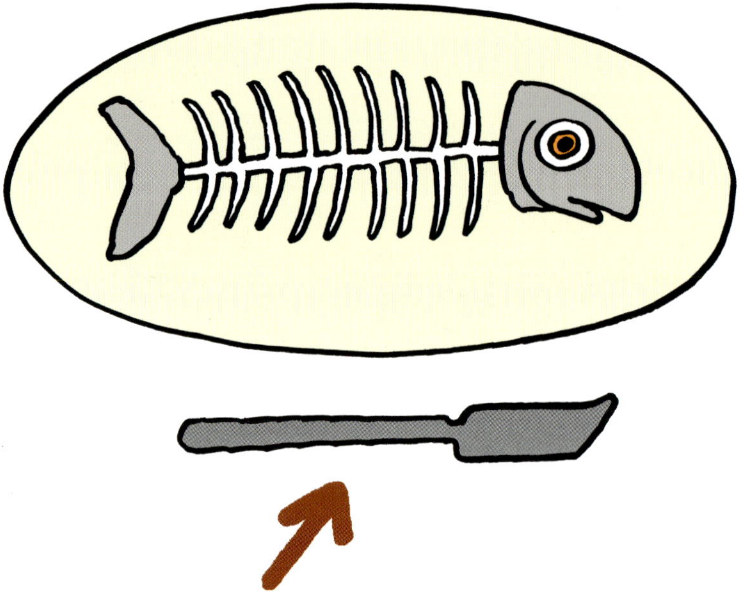

NOTONS QUE DIEU UTILISE UN COUTEAU À POISSON. NOUS POUVONS EN DÉDUIRE QUE LE COUTEAU À POISSON PRÉCÈDE LE COUTEAU À VIANDE (HABITUELLEMENT APPELÉ "COUTEAU") ET QUE C'EST PLUTÔT LE COUTEAU À POISSON QUI AURAIT DÛ S'APPELER "COUTEAU" PUISQU'À CETTE ÉPOQUE IL N'Y EN AVAIT PAS D'AUTRE. D'UN AUTRE CÔTÉ, ON S'EN FOUT UN PEU...

ET DIEU ÉTAIT BIEN PARTI
REMETTEZ-MOI UN CARAFON DE CÔTES-DU-RHÔNE ET UN DEMI-POULET À L'ESTRAGON
DÉSOLÉ, MAIS NOUS N'AVONS PAS ÉTÉ LIVRÉS EN POULET ! EN FAIT IL N'A PAS ENCORE ÉTÉ CRÉÉ
OUPS ! AU TEMPS POUR MOI ! J'ALLAIS OUBLIER LES VOLATILES !
LE CAFÉ ET L'ADDITION, ALORS, J'AI ENCORE DU BOULOT CET APRÈS-MIDI

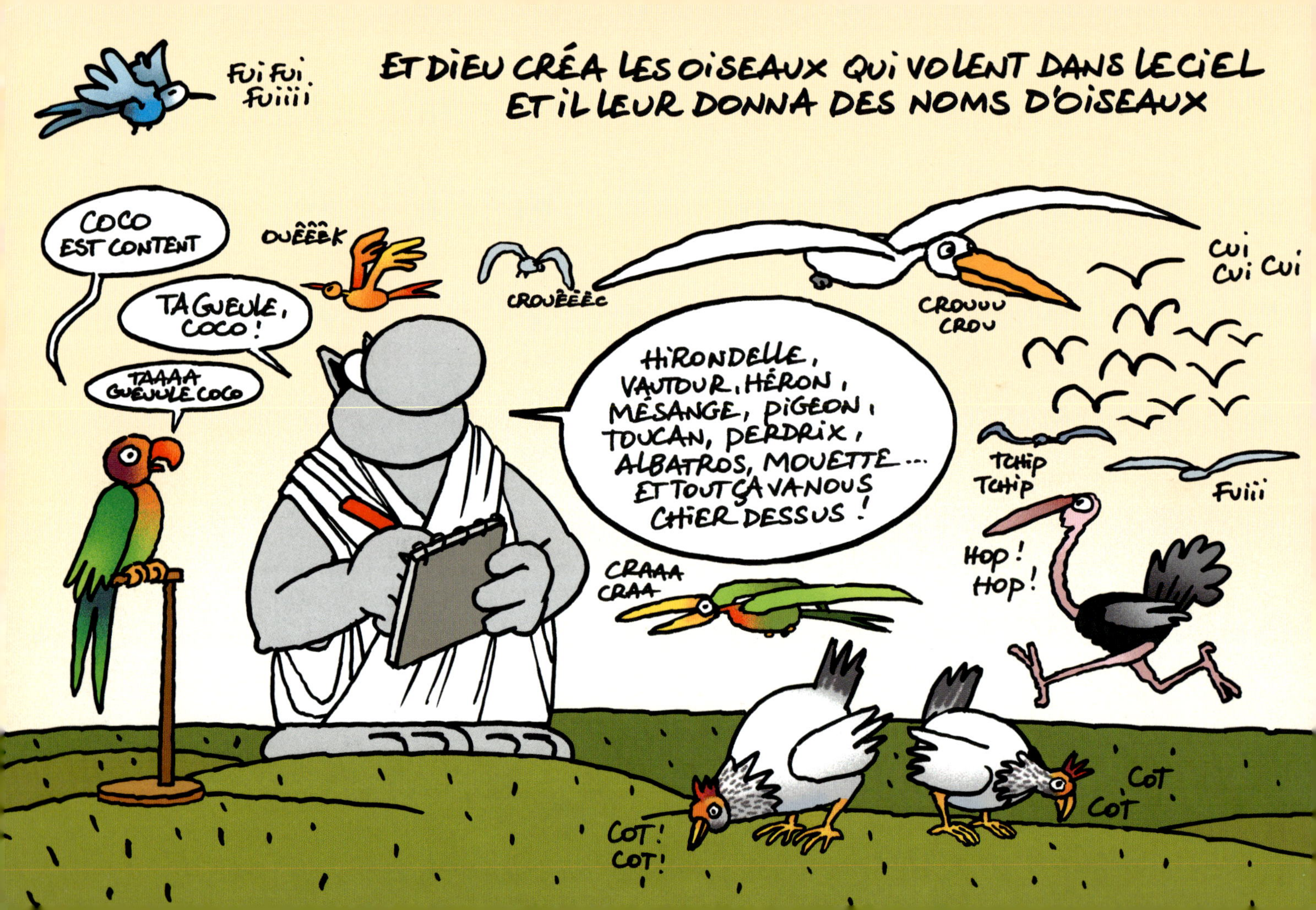
ET DIEU CRÉA LES OISEAUX QUI VOLENT DANS LE CIEL
ET IL LEUR DONNA DES NOMS D'OISEAUX
FUI FUI FUIIII
COCO EST CONTENT
TA GUEULE, COCO !
TAAAA GUEUULE COCO
OUÊÊÊK
CROUÊÊÊC
CROUUU CROU
CUI CUI CUI
HIRONDELLE, VAUTOUR, HÉRON, MÉSANGE, PIGEON, TOUCAN, PERDRIX, ALBATROS, MOUETTE... ET TOUT ÇA VA NOUS CHIER DESSUS !
TCHIP TCHIP
FUIII
CRAAA CRAA
HOP ! HOP !
COT ! COT !
COT COT

ET CE FUT LE SOIR DU CINQUIÈME JOUR
EH BEN, CELUI-LÀ, IL N'AURA PAS VÉCU LONGTEMPS, LE PAUV' CHÉRI !
AAAALLEZ, CUIS ! CUIS ! MON PETIT
AU FOND, DIEU A MIEUX FAIT DE CHOISIR CRÉATEUR QUE GAGMAN
TCHIIIIP TCHIIIIP*
* BRUIT DU BOIS QUI GRINCE EN TOURNANT

ET CE FUT LE MATIN DU SIXIÈME JOUR

ET DIEU DIT : "REVENONS À NOS MOUTONS", MAIS IL FUT BIEN EMBÊTÉ CAR LE MOUTON N'EXISTAIT PAS ENCORE.
ALORS DIEU PRIT UN NUAGE, IL LUI VISSA UNE TÊTE ET 4 PATTES ET LE SIXIÈME JOUR, DIEU CRÉA LE MOUTON.
EUH... VOUS DANSEZ ?
C'EST BIEN MA VEINE, ÇA ! J'AI CRÉÉ UN MOUTON GAY !

ET L'APRÈS-MIDI DU SIXIÈME JOUR, DIEU DIT :
"QUE LA TERRE PRODUISE
DES ÊTRES VIVANTS DE TOUTES LES ESPÈCES,
SAUF LE MOUTON
QUI A DÉJÀ ÉTÉ CRÉÉ CE MATIN"

QUE LA TERRE PRODUISE DES ÊTRES VIVANTS DE TOUTES LES ESPÈCES, SAUF LE MOUTON QUI A DÉJÀ ÉTÉ CRÉÉ CE MATIN
BONNE IDÉE, SEIGNEUR ! DES LARVES, DES VERS, QU'ON AIT PLEIN DE TRUCS À BOUFFER !
IL A ENCORE PARLÉ DE MOI !
CE TYPE M'AIME, C'EST SÛR !

ET DIEU DIT : "BON, C'EST PAS TOUT ÇA, MAIS JE DOIS ENCORE ÉTABLIR LA LISTE DE TOUS LES ÊTRES VIVANTS POUR ÊTRE SÛR QUE JE N'AI RIEN OUBLIÉ..."
DIS DONC, TOI, TU VAS ME SUIVRE PARTOUT ?
♪ OÙ TU IRAS, J'IRAI, FIDÈLE COMME UNE OOOMBRE JUSQU'À DESTINATIIIIOON ! ♪
PITIÉ ! PAS DU SHEILA !
DU BREL, ALORS ?
LAISSE-MOI DEVENIR L'OMBRE, DE TA MAIN, ♪ L'OMBRE DE TON CHIEN ! ♪

ET DIEU NE SAVAIT PAS TRÈS BIEN QUOI FAIRE DE CE MOUTON QUI LE SUIVAIT PARTOUT, ALORS, IL TENTA DE LE DISTRAIRE
TIENS, MOUTON, RAPPORTE LA BABALLE !
C'EST COMPLÈTEMENT IDIOT, SON TRUC. S'IL VEUT QUE JE LA LUI RAPPORTE, C'EST PARCE QU'IL LA VEUT PRÈS DE LUI. ET DANS CE CAS, POURQUOI LA LANCE-T-IL LOIN DE LUI ?
IL FAUDRA QU'ON M'EXPLIQUE

ET DIEU EUT UNE SACRÉE BONNE IDÉE !
ET SI ON JOUAIT À SAUTE-MOUTON ?
GRAND FOU, VA !

ET UN PEU PLUS TARD DANS L'APRÈS-MIDI...
ALORS, HEUREUX ?
C'EST TRÈS AMUSANT DE SAUTER EN PRENANT APPUI SUR LE DOS DE L'AUTRE À TOUR DE RÔLE
!?
TOC ! TOC ! TOC !

PLANQUE-TOI, VIEUX, SI ON ME TROUVE AVEC UN MOUTON AU LIT, MA RÉPUTATION EST FAITE !
À VOS ORDRES, MON GÉNÉRAL !

ET EN OUVRANT LA PORTE, DIEU DIT :

ET DIEU EUT L'AIR
UN PEU
EMBARRASSÉ...

TU M'AS TROP MANQUÉ, MON GROS LOULOU
ET PUIS, CETTE HISTOIRE DE VIE QUE TU VOULAIS CRÉER M'A TROTTÉ EN TÊTE
ET JE ME SUIS DIT QU'IL ÉTAIT TEMPS QUE JE REVIENNE
D'AILLEURS, OÙ EN ES-TU AVEC CETTE HISTOIRE ?

DONC, J'AI D'ABORD SÉPARÉ LA LUMIÈRE DES TÉNÈBRES, PUIS, LA TERRE DE L'EAU ET LE JOUR DE LA NUIT
ENSUITE, J'AI SEMÉ DE L'HERBE ET DES ARBRES, J'AI CRÉÉ UNE MULTITUDE FOISONNANTE DE CRÉATURES VIVANTES
C'EST QUOI ÇA ?

C'EST UNE ARÊTE DE POISSON, CHOUCHOU, J'AVAIS FAIM ET JE ME SUIS...
ON AVAIT POURTANT CONVENU DE SE PARTAGER LA TÂCHE, NON ? TOI, TU DONNES LA VIE ET MOI JE ME CHARGE DE L'ÔTER
SI TU TE METS À TUER DES POISSONS TOI-MÊME, TU ROMPS NOTRE CONTRAT
DÉSOLÉ DARLING
BON, JE FERME LES YEUX POUR CETTE FOIS
MAIS JE TE RAPPELLE QUE SANS LA MORT, LA VIE N'EXISTERAIT PAS

ALORS, DIEU, DANS SA GRANDE SAGESSE, DIT :

"JE VAIS Y ALLER CAR JE DOIS ENCORE TERMINER MA LISTE DES ÊTRES VIVANTS, SINON, AVEC LE NOMBRE QU'IL Y EN A, ON NE VA JAMAIS S'Y RETROUVER"

BON, EH BIEN, MOI, J'Y VAIS. JE DOIS ENCORE TERMINER MA LISTE DES ÊTRES VIVANTS
C'EST ÇA, VA DONNER LA VIE, IL SERA TOUJOURS TEMPS DE LA RETIRER
PENDANT CE TEMPS, JE PASSE UN COUP D'ASPI
POUSSIÈRE ! TU REVIENDRAS, POUSSIÈRE !
J'AI JAMAIS VU UNE PORCHERIE PAREILLE !

ET DIEU ÉTABLIT LA LISTE DES CRÉATURES VIVANTES
BON, LES THÉROPODES, C'EST FAIT. J'AJOUTE À CELA LES PTÉROSAURES, LES PLIOSAURES ET L'IGUANODON
N'EN DÉPLAISE À CES CONS DE CRÉATIONNISTES

ET DIEU SE DEMANDA S'IL N'ÉTAIT PAS EN TRAIN DE SE FOURVOYER
JE ME DEMANDE SI JE NE SUIS PAS EN TRAIN DE ME FOURVOYER
J'AI DÉJÀ RÉPERTORIÉ 527 GENRES DE DINOSAURES ET IL Y EN A ENCORE PRÈS DE 2000 À CLASSER !
JE NE M'EN SORTIRAI JAMAIS
JE CROIS EN TOI, SEIGNEUR

ET PENDANT CE TEMPS, DANS LA MAISON DE DIEU...
POURRAIS-JE SAVOIR CE QUE VOUS FAITES DANS LA CHAMBRE À COUCHER ?
EUH, OUI, BIEN SÛR !
FIGUREZ-VOUS QUE JE PASSAIS PAR LÀ, LORSQUE J'AI APERÇU DES MOUTONS SOUS LE LIT. ILS M'ONT DIT "BONJOUR, COLLÈGUE !" ET COMME VOUS SAVEZ QUE NOUS AVONS L'ESPRIT GRÉGAIRE, JE LES AI...
CHÉRIE ? OÙ ES-TU ?
!

POURQUOI FAIS-TU CETTE TÊTE ?
JE CROIS QUE J'AI FAIT UNE CONNERIE
HMMM, ÇA SENT BON, C'EST QUOI ?

ET DIEU EUT UN GROS
COUP DE MOU...

AAALLEZ, RACONTE À MAMAN
JE ME SUIS PLANTÉ AVEC MA CRÉATION : LES BESTIOLES QUE J'AI IMAGINÉES SONT NULLES. ELLES SONT BIEN TROP MAL FICHUES POUR POUVOIR ÉVOLUER UN JOUR. EN PLUS, ELLES SONT MOCHES ET JE NE SAIS PAS QUOI FAIRE

CELA DIT, C'EST SUCCULENT TON PLAT ! C'EST QUOI ?
DU MOUTON
!
POUAH !

TU AS OSÉ TUER MON MOUTON ?
C'ÉTAIT MON AMI ! PEUT-ÊTRE MON SEUL AMI !
CALME-TOI, CHÉRI, LA COLÈRE TE FAIT DÉLIRER. REGARDE PLUTÔT CECI
JE T'EN FERAI UN MANTEAU BIEN CHAUD ET IL T'AURA DANS LA PEAU TOUT L'HIVER

ET DIEU EUT UN COUP DE SANG

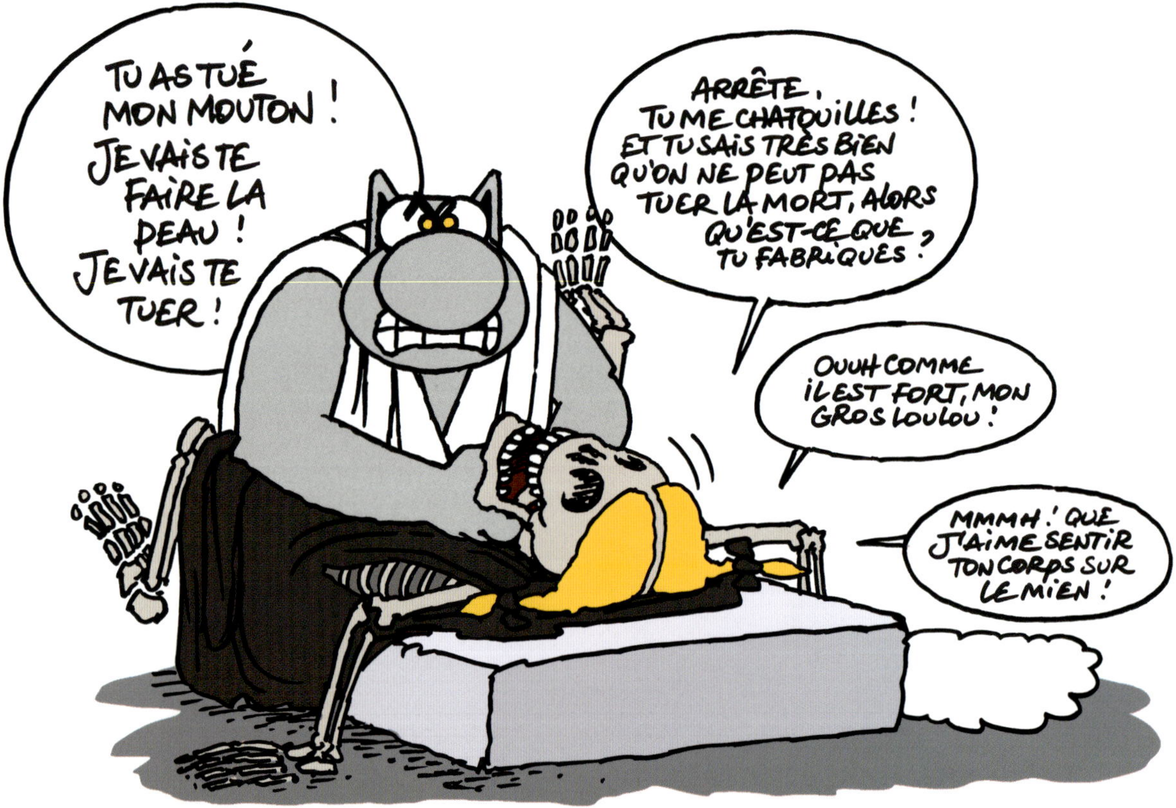

OH TOI,
OOOH TOI !
MON CHÉRiiiiii !
ATTENTION À MES CHEVEUX !

BiM BAM

TcHic TcHic

SLUUUURP

MMMMMH !

LÀ ? OUiii !

RAAAAHHH

NON PAS LÀ, LÀ !

GRRRRR

MPFFFF

A HAN ! A HAN !

TU M'AS TUÉE, GRAND FOU !
CELA EST BON

ALLEZ, BIBICHE, CE N'EST PAS QUE ÇA M'AMUSE, MAIS JE DOIS ENCORE PASSER AU BUREAU
LE JOUR OÙ TU INVENTERAS L'EAU CHAUDE
CE NE SERA PAS DE REFUS !

TIENS, C'EST QUOI CE TRUC SUR LEQUEL J'ÉTAIS ASSIS ?
MES CHEVEUX !!!
RENDS-MOI ÇA TOUT DE SUITE !

C'ÉTAIT DONC UNE MOUMOUTE ???
MAIS ALORS ?

MAIS ALORS ...
TU N'ES PAS UNE VRAIE BLONDE ?

TU NE LE SAURAS JAMAIS
PUISQUE JE M'ÉPILE !

ALORS, DIEU SORTIT DE SES GONDS
N'OUBLIE QUAND MÊME PAS À QUI TU PARLES, NOM DE MOI !
PLAF !!!
!!!

EH BIEN ÇA, MON PETIT BONHOMME, TU VAS ME LE PAYER !
AAAAH ÇA !

MOI, JE ME CASSE. ET DÉMERDE-TOI AVEC TA CRÉATION DE MERDE ! DONNE LA VIE TANT QUE TU VEUX, ON VERRA BIEN QUI RIRA LE DERNIER !
AH ! AH ! AH !

TU OUBLIES TES CHEVEUX, CRÂNE D'OEUF !
VA CHIER, PAUV'CON !

RATÉ !

ET C'EST AINSI QU'UN OBJET VOLANT NON IDENTIFIÉ
S'ABATTIT SUR LA TERRE ET LA RECOUVRA… EUH NON !
LA RECOUVRIT ENTIÈREMENT

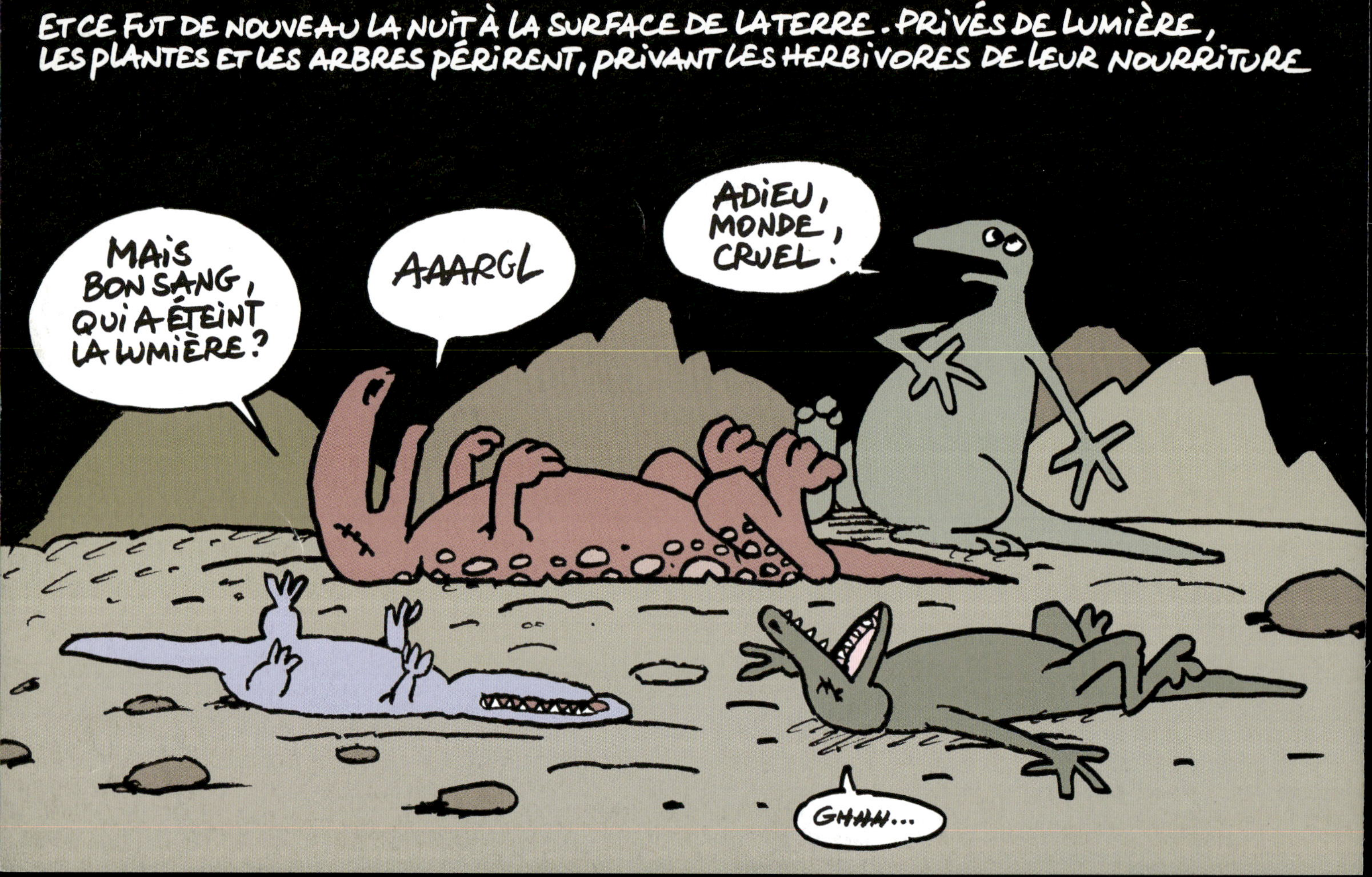
ET CE FUT DE NOUVEAU LA NUIT À LA SURFACE DE LA TERRE. PRIVÉS DE LUMIÈRE, LES PLANTES ET LES ARBRES PÉRIRENT, PRIVANT LES HERBIVORES DE LEUR NOURRITURE
MAIS BON SANG, QUI A ÉTEINT LA LUMIÈRE ?
AAARGL
ADIEU, MONDE CRUEL !
GHHH...

ET AINSI DISPARURENT LES PREMIERS ÊTRES DE LA CRÉATION...

ET DIEU SE DIT,
QUE TOUT CELA ETAIT
UN IMMENSE GÂCHIS...

MA FEMME M'A QUITTÉ, LES MILLIERS D'ANIMAUX QUE J'AI INVENTÉS SONT MORTS ASPHYXIÉS
ET PUIS SURTOUT... SU...URTOUUT MON MOUTON... ME MANQUE TELLEMENT ! (SANGLOT)

ET DIEU EUT UN GROS CHAGRIN

ET AU MILIEU DE SES LARMES, DIEU EUT UNE ILLUMINATION DIVINE !

SACRÉ DIEU, IL A DE CES IDÉES, LUI, QUAND MÊME ! C'EST VRAI, QUOI, IL FALLAIT Y PENSER ! MAIS ARRIVERA-T-IL À RÉALISER CE PROJET UN PEU FOU ? C'EST CE QUE TU SAURAS, AMI LECTEUR, EN LÉCHANT TON DOIGT ET EN TOURNANT LA PAGE...

TOUT MONSTRE QU'ELLE SOIT, MA FEMME EST AVANT TOUT UNE BONNE MÉNAGÈRE ET SI ELLE M'A PRÉPARÉ DEUX CÔTELETTES, ELLE A DÛ PLANQUER LE RESTE AU ...
TIENS ! TIENS, TIENS !

AH ! LA GARCE, C'EST BIEN ICI QU'ELLE AVAIT PLANQUÉ MON MOUTON ! MAIS QUE VOIS-JE À SES CÔTÉS ? UN NOUVEAU-NÉ CONGELÉ !
ALLONS ! OCCUPONS-NOUS DU PLUS URGENT : LE MOUTON
LE BÉBÉ ATTENDRA ET REFERMONS LE COUVERCLE POUR QU'IL NE PRENNE PAS CHAUD
ÇA, ÇA PUE LE DÉNI DE GROSSESSE À 3 KM !

"MON DIEU", ... EUH, J'SUIS CON, MOI, OU QUOI ? MAIS COMMENT JE DOIS DIRE, ALORS ?
EUH... "MOI, FAIS QUE MON CHER MOUTON DÉGÈLE COMME IL FAUT"
"FAIS QUE SES MORCEAUX SE RECOLLENT LES UNS AUX AUTRES ET QUE SA PEAU L'ENVELOPPE À NOUVEAU"
"JE CROIS EN MOI. AMÊÊÊÊN"

AINSI EUT LIEU LE MIRACLE DU MOUTON
POUUUÊÊÊÊÊÊT
PÔÛÛ POÛÛÛÛÛÛWW
PÛÛÛÛÛ
JE VOUS AI COMPRIS !
I WILL SURVIVE
YES, WE CAN
LE CHANGEMENT, C'EST MAINTENANT

ET DIEU SERRA LE MOUTON SUR SON COEUR
MON AMI, MON FRÈRE, MON FILS, MA BATAILLE
FAITES GAFFE, PATRON, VOUS SERREZ...
...AARRGL.. VOUS SERREZ TROOOP. FF...
MON PETIOT, MON DOUDOU!
OUUUÊÊÊRK
ARGL

ET DIEU SERRA TELLEMENT FORT QU'IL ÉTOUFFIT *
LE MALHEUREUX MOUTON SOUS SON ÉTREINTE

* NOTRE RÉDACTEUR A TRÈS VRAISEMBLABLEMENT VOULU DIRE "ÉTOUFFA"

EEEEH ! MAIS JE N'AI QU'À LE RERESSUSCITER, AU FOND ! 'Y A PAS D'RAISON.
C'EST TROP GÉNIAL, CE TRUC !
ALLEZ, DEBOUT LES MORTS !
AAABRACA-DABRAAAA !
?

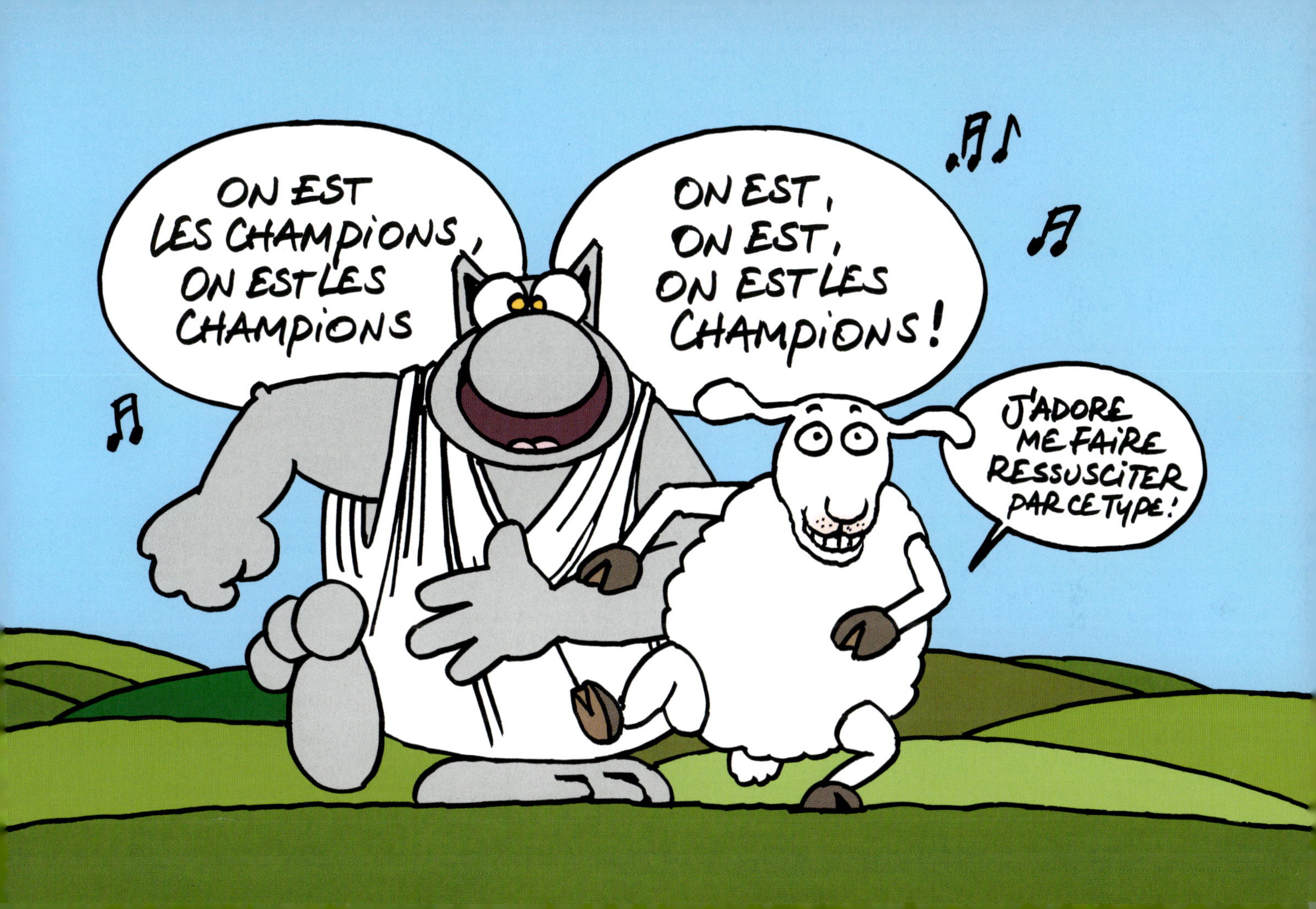
ON EST LES CHAMPIONS, ON EST LES CHAMPIONS
ON EST, ON EST, ON EST LES CHAMPIONS !
J'ADORE ME FAIRE RESSUSCITER PAR CE TYPE !

BON, ASSEZ RIGOLÉ, MON Z'AMI
C'EST JOLI, CE QUE VOUS PORTEZ ! C'EST QUOI ?
MAINTENANT, NOUS 'Y EN A PASSER DANS ATELIER DE MOI OÙ NOUS 'Y EN A AVOIR PAS MAL DE PAIN SUR LA PLANCHE POUR RELANCER CRÉATION QUE MOI 'Y EN A AVOIR FAITE SUR LA TERRE
POURQUOI S'OBSTINE-T-IL À ME PARLER COMME À UN POLONAIS ORIGINAIRE DU CONGO ?
C'EST DE LA LAINE. C'EST UN PEU CHAUD EN ÉTÉ

VOILÀ, MON Z'AMI, C'EST ICI QUE NOUS ALLONS ACCOMPLIR DE GRANDES CHOSES, TOI ET MOI !
C'EST ICI QUE J'AI CONÇU MON ÉBAUCHE DE PEUPLEMENT DE LA TERRE ET C'EST ICI QUE TU ME SERVIRAS DE MODÈLE POUR LA PHASE 2
EH BÊÊÊ !
DE BULLE
ET PUIS QU'IL N'Y A
PAS ASSEZ
À PARLER DANS LES ÉTIQUETTES MAIS SEULS
LES PLUS OBSERVATEURS S'EN RENDRONT COMPTE ET TANT PIS POUR LES AUTRES !

ET DIEU, PRENANT SON AMI POUR MODÈLE, SE MIT À CONCEVOIR UNE MULTITUDE D'ÊTRES VIVANTS POUR REPEUPLER LA TERRE
...ET CELUI-CI, NOUS L'APPELLERONS "LAPIN"
ET IL AIMERA LES CAROTTES ET NIQUER
ET MAINTENANT, MON Z'AMI, VA TE CHANGER ET ENFILE UN COSTUME À RAYURES
NOUS ALLONS CRÉER LE ZÈBRE

L'AMI DE DIEU S'EN DONNA À COEUR JOIE, REVÊTANT TOUS LES DÉGUISEMENTS POSSIBLES ET IMAGINABLES ET ALLANT MÊME JUSQU'À POUSSER DES PETITS CRIS POUR STIMULER LA CRÉATIVITÉ DE SON MAÎTRE...

ALLEZ, MES AMIS, À VOUS DE JOUER ! CROISSEZ, NIQUEZ ET MULTIPLIEZ !

ET LES CRÉATURES DE DIEU LE PRIRENT HOMO* ET ELLES NIQUÈRENT TANT QU'ELLES LE PURENT
C'EST LE PLUS BEAU JOUR DE MA VIE !
I LOVE YOU
GRAND FOU !
ICH LIEBE DICH
MOI, C'EST LE SEUL
OUMPF
*L'AUTEUR A CERTAINEMENT VOULU DIRE "AU MOT" (NDLR)

ET IL EN RÉSULTA, QUELQUES MOIS PLUS TARD, UNE MULTITUDE DE PETITS ÊTRES TENANT À LA FOIS DE LEUR PAPA ET DE LEUR MAMAN

D'AUTRES PROBLÈMES SE POSÈRENT TRÈS VITE À CES NOUVEAUX HABITANTS DE LA TERRE

LE FILS DU THON ET DE LA MÉSANGE SE NOYAIT LORSQU'IL RENDAIT VISITE À SON PAPA ET TOMBAIT DES BRANCHES LORSQU'IL VOULAIT RETROUVER SA MAMAN DANS LES ARBRES

ET COMBIEN D'OEUFS, LA FILLE DU COQ ET DE LA VACHE N'ÉCRABOUILLA-T-ELLE PAS EN VOULANT LES COUVER ?

LEUR POINT COMMUN, À TOUS, ÉTAIT QU'ILS AVAIENT UNE ABONDANTE TOISON DE LAINE DONT LE PORT DEVINT TRÈS VITE INSUPPORTABLE À CEUX QUI VIVAIENT DANS LES RÉGIONS CHAUDES, RENDANT CERTAINS PARFOIS UN PEU MABOULS...
EH, MAIS JE SUIS UN ARBRE !
ENCHANTÉ, POUPÉE, MOI, JE SUIS LE KOALA ! DO YOU WANT TO SLEEP WITH ME ?

MON PÈRE M'AVAIT POURTANT JURÉ QUE J'ARRIVERAIS À MARCHER AU PLAFOND !

POURQUOI L'ENFANT DU FLAMANT ET DE L'HIPPOPOTAME A-T-IL LES PATTES SI FRAGILES ?

LE FILS DU GORILLE ET DE LA COQUILLE ST JACQUES DEVRAIT POURTANT SAVOIR NAGER ! MÊÊÊÊÊRDE !

ROBÊÊÊÊRT, POURQUOI TU NE BOUGES PLUS ?

BREF, APRÈS CES GROS NULS DE DINOSAURES, DIEU AVAIT DE NOUVEAU CONÇU UNE BELLE BANDE DE TARÉS ET IL SE DIT EN-LUI-MÊME : CELA N'EST PAS BON DU TOUT
ALLEZ, DU BALAI
QUE CELUI QUI NE S'EST JAMAIS TROMPÉ ME JETTE LA PREMIÈRE PIERRE ET SUR CETTE PIERRE JE BÂTIRAI MON ÉGLISE

ALORS, DIEU DIT : LA TROISIÈME FOIS SERA LA BONNE.
ET EN ATTENDANT QUE L'INSPIRATION REVIENNE, SI NOUS NOUS ACCORDIONS UNE PETITE PARTIE DE MOUTON-SAUTÉ !
ET C'EST CE QU'IL FIIIIIT
ET QUE J'TE SAUTE LE MATIN ! ET QUE J'TE SAUTE LE MIDI
JE COMMENCE À EN AVOIR PLEIN LE DOS DE ME FAIRE SAUTER À LONGUEUR DE JOURNÉE
MAIS BON, EN MÊME TEMPS, C'EST DIEU, ALORS JE FERME MA GUEULE

DIEU AYANT SAUTÉ PENDANT 6 JOURS,
LE SEPTIÈME IL FUT UN PEU FATIGUÉ ET IL S'ENDORMA*
PÔPÔ PÔÔÔM TSA TSSOOIIIN
EH OH ! LOUIS ARMSTRONG
METS LA SOURDINE, TU VEUX ! LE PATRON VOUDRAIT SE REPOSER UN PEU !
* L'AUTEUR A SANS DOUTE VOULU DIRE "S'ENDORMIT." (N.D.L.R.)
ET COMME DIEU NE FAIT PAS LES CHOSES À MOITIÉ,
IL DORMA PENDANT 100 ANS

DURANT LES 100 ANS QUI SUIVIRENT, L'AMI DE DIEU S'ACHARNA JOUR ET NUIT À REPRENDRE LES CROQUIS ET LES MAQUETTES DU MAÎTRE, LES AMÉLIORANT, LES PEAUFINANT, LES PRÉCISANT...
OISEAUX
REPTILES
DIEU
CRÉATIONS EN TOUS GENRES

ET AU BOUT DE 100 ANS ET DE NOMBREUSES TASSES DE CAFÉ (ET NON 6 JOURS COMME LE PRÉTENDENT CERTAINES IMITATIONS DE NOTRE OUVRAGE), LA CRÉATION DU RÈGNE ANIMAL FUT BOUCLÉE (COMME UN MOUTON ! AH ! AH ! AH !)
BON, ALORS. JE METS LES LÉPIDOPTÈRES DU CÔTÉ DES HYMÉNOPTÈRES ET DES DIPTÈRES
LES PINNIPÈDES, EUX, VONT DU CÔTÉ DES SIRÉNIENS, JUSTE À CÔTÉ DES PROBOSCIDIENS ET DES HYRACOÏDES
MANQUERAIT PLUS QU'IL Y AIT UN COURANT D'AIR !

ET, AU BOUT D'UN SIÈCLE DE BON DORMAGE, DIEU SE RÉVEILLIT !

C'EST QUOI, TOUT ÇA, MOUTON ? ET DIS-MOI LA VÉRITÉ !
ÇA, PATRON, CE SONT LES NOTES QUE J'AI PRISES LORSQUE VOUS PARLIEZ DANS VOTRE SOMMEIL ET QUE VOUS M'AVEZ DICTÉ LA LISTE ET LE DESCRIPTIF DE 8,7 MILLIONS D'ESPÈCES VIVANTES
ET J'AI DORMI LONGTEMPS ?
PILE CENT ANS
PUUUTAIN, J'SUIS TROP FORT, MOI !

NON SEULEMENT, CES MILLIONS D'ESPÈCES DE CRÉATURES ONT ÉTÉ ADMIRABLEMENT CONÇUES PAR MOI (CE QUI N'ÉTONNERA PERSONNE), MAIS ENCORE, ELLES ONT ÉTÉ REMARQUABLEMENT DESSINÉES PAR TOI (CE QUI ÉTONNERA TOUT LE MONDE)
EH, LES MUSICOS, S'IL Y EN A UN SEUL QUI CAFTE ET LUI DIT QUE C'EST MOI QUI AI TOUT FAIT PENDANT QU'IL RONFLAIT À POINGS FERMÉS
JE LUI FAIS AVALER SA TROMPETTE, VU ?
VU VUUUUU
VÛÛ VÛ VÛVÛ
VUUU UUUU WIIII

AU NOM DES POUVOIRS QUI ME SONT CONFÉRÉS, JE TE REMETS LES INSIGNES DE LA GRANDE MOUTONNERIE ET POUR TOI, JE CRÉERAI LE WOOLITE
JE CROIS N'AVOIR JAMAIS ÉTÉ AUSSI ÉMU DE MA VIE
ET ENSUITE, NOUS IRONS BOIRE UN VERRE
ÇA NE SERA PAS DE REFUS

J'VAIS T'DIRE, MON POTE : J'AI L'IMPRESSION QU'IL MANQUE UN TRUC À MA CRÉATION. CES 8,7 MILLIONS D'ESPÈCES, C'EST BIEN JOLI MAIS ÇA RISQUE D'ÊTRE VITE LE BORDEL
ET QUI VA S'OCCUPER DE TOUT ÇA ? QUI VA TRAIRE LES VACHES ? QUI VA BOUFFER LES FRUITS DES ARBRES ?
QUI LES MOUSTIQUES ET LES GUÊPES VONT-ILS POUVOIR EMMERDER ?
CE MOUTON-ROTHSCHILD SE BOIT COMME DU LAIT DE BREBIS !

ET QUI C'EST QUI VA TONDRE LA PELOUSE ?
ET QUI QUE C'EST QUI VA ALLER FAIRE PISSER LE CHIEN, LE SOIR ?
MOI, JE TE LE DIS, MOUTON, IL FAUT QUE JE CRÉE UN GARDE-CHIOURME POUR GÉRER TOUT CE BORDEL
UNE SORTE DE SINGE, MAIS AVEC LE POUCE OPPOSABLE, QUOI

VOUS SAVEZ QUOI, PATRON ? MOI, SI J'ÉTAIS VOUS, JE CRÉERAIS UN ÊTRE À MON IMAGE
POURQUOI À TON IMAGE ?
JE ME METS À VOTRE PLACE
PAS À LA MIENNE, À LA VÔTRE !
ALORS, POURQUOI DIS-TU "MON", SI C'EST LA MIENNE ?
EH BIEN, T'ES PAS GONFLÉ, TOI, MOUTON ! TU TE METS À LA PLACE DE DIEU ! TU SAIS QUE TU RISQUES DE GROS ENNUIS AVEC UNE ATTITUDE PAREILLE. MAIS VOILÀ, TU AS DE LA CHANCE CAR DIEU EST AMOUR
ET MÊME ST AMOUR, OSERAIS-JE DIRE !
HEIN ?
J'VAIS T'DIRE UN TRUC, MOUTON : ALLONS EN BOIRE UN DERNIER CHEZ MOI, ET ENSUITE, AU PIEU* !
DEMAIN EST UN AUTRE JOUR
* NOUS NE SAURONS SANS DOUTE JAMAIS SI CE JEU DE MOTS ÉTAIT INTENTIONNEL OU PAS. "AU PIEU, LE MOUTON !" AH ! AH ! AH ! EN TOUT CAS, ELLE EST BONNE !

... ET DEVISANT JOYEUSEMENT, LES DEUX COMPÈRES REJOIGNIRENT LEURS PÉNATES
SANS SE DOUTER QUE LE JOUR QUI SUIVRAIT ALLAIT BOULEVERSER NOTRE AVENIR À TOUS...

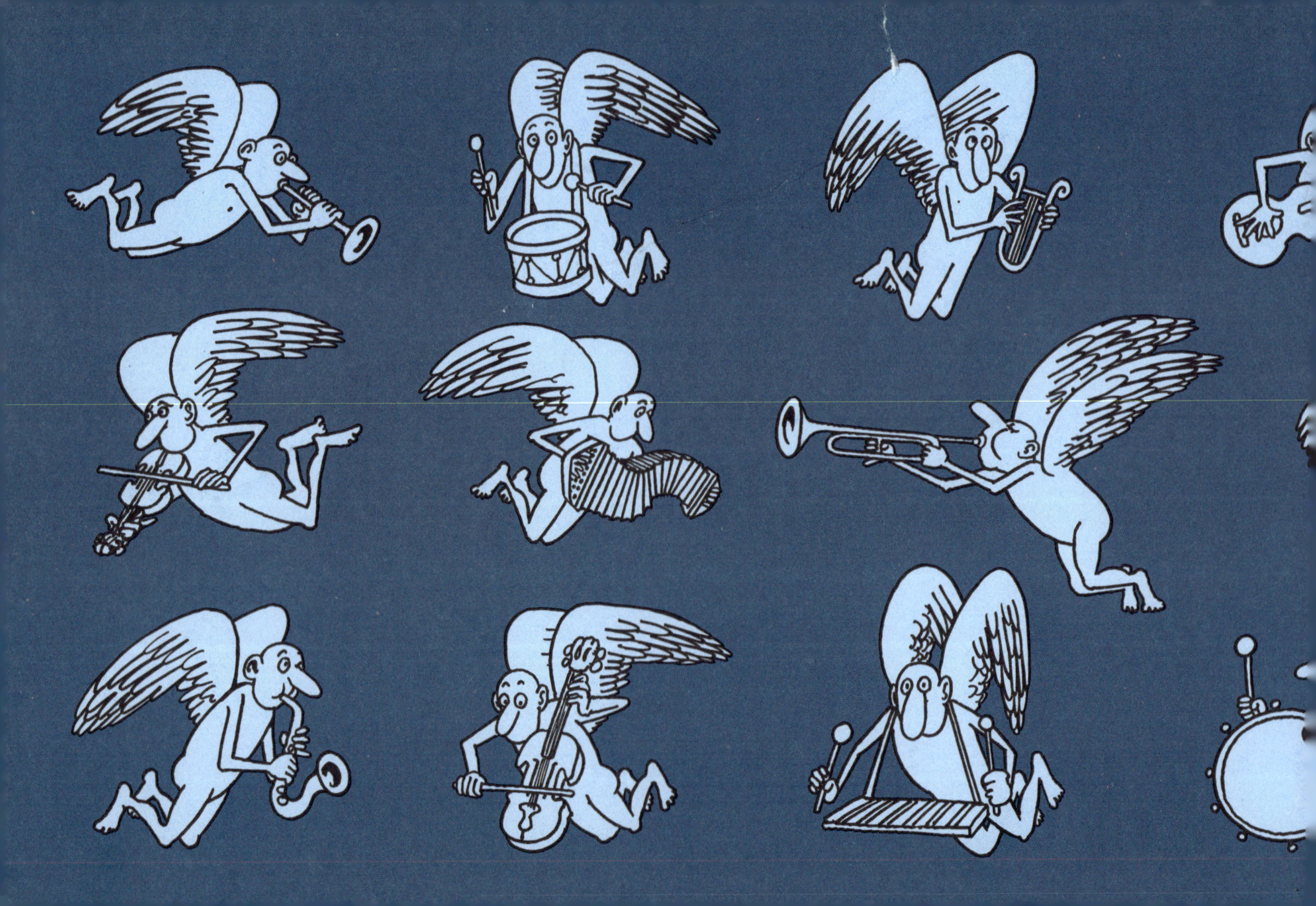

PHILIPPE GELUCK & DIEU

LA BIBLE
SELON LE CHAT

ET LE JOUR SUIVANT,
DIEU TENTA
DE CRÉER L'HOMME...

www.geluck.com
www.casterman.com/lechat

Ce livre second constitue, avec le livre premier, la Bible selon le Chat (978-2-203-07710-2). Il ne peut être vendu séparément.

Retrouvez l'application Le Chat sur iPhone/iPad et Android

Achevé d'imprimer en juillet 2013, en France par Pollina S.A.- L65410B. Dépôt légal : octobre 2013 ; D. 2013/0053/422.

ET UN TRUC COMME ÇA...
QU'EST-CE QUE T'EN PENSES ?
J'EN PENSE QUE C'EST PAS UNE SUPER-IDÉE DE CRÉER L'HOMME AVEC UNE GUEULE DE BOIS PAREILLE
JE VAIS ALLER CHERCHER DES GLAÇONS
POUR ME LES METTRE SUR LA TÊTE

PÛÛÛÛTAIN, LE MAL DE CRÂNE
MOI, C'EST FINI, PLUS JAMAIS JE BOIS COMME ÇA
NOM DE MOI DE NOM DE MOI
PLUS JAMAIS !

ELLE A UNE DRÔLE DE COULEUR, CETTE EAU DÉGELÉE
OÙ AS-TU PRIS CES GLAÇONS ?
DANS LE CONGÉLO DE LA CAVE...
POURQUOI ?

MAIS ALORS ?
LE PETIOT S'EST PRIS UNE DÉGELÉE !
MON DIEU ! EUH, JE VEUX DIRE "MOI" !
BEN MERDE, ALORS !
BON SANG !
QUOI ? QUOI ?
C'EST QUI, LUI ?
SEIGNEUR
CRÉNOM
AH BEN, CROTTE (DE MOUTON) ALORS !
OH LORD !
IL A PAS L'AIR EN FORME !

IL FAUT EN FAIRE QUELQUE CHOSE, DE CE MÔME, MAINTENANT QU'IL EST TOUT DÉGELÉ
HEIN ?
ET SI VOUS LE RESSUSCITIEZ POUR EN FAIRE LE PREMIER HOMME ?
EUH...
C'EST PAS CON, TIENS !
FAUT JUSTE QUE J'ME SOUVIENNE
LA FORMUL

ABROUCOUDOUBROU ?
NON !
ABROCODOBRO...
SHIT !
ABREU QUEU DEU BREU ?
ABRANCAN DAN BRAN ?
ABRICO... NON, PAS ABRICOT !
SCHEIZE !
ABRIN KINDIN BRIN ?
AVEZ-VOUS ESSAYÉ
ABRAKADABRA
ABRAKADABR
ABRAKADAB
ABRAKADA
ABRAKAD
ABRAKA
ABRAK
ABRA
ABR
AB
A
?
OUUUUH !
CHIQUÉ !
REMBOURSEZ !
REMBOURSEZ !

OUUUiiiiN!
YES!
I DID IT!

POURQUOI IL CRIE COMME ÇA ?
JE CROIS QU'IL A FAIM
EH BIEN, DONNONS-LUI À MANGER, ALORS !
VOUS EN AVEZ, VOUS, DU LAIT MATERNEL ?
EUH... NON
EH BIEN, MOI NON PLUS. ALORS DÉMERDEZ-VOUS COMME VOUS VOULEZ POUR LUI TROUVER QUELQUE CHOSE, MAIS MOI, JE DOIS ALLER M'OCCUPER DU FAIRE-PART DE NAISSANCE

DIEU ET PASCAL LE MOUTON
SONT HEUREUX DE VOUS ANNONCER LA NAISSANCE D'UN JEUNE BÉBÉ
(49 CM 3,650 KG)
PREMIER HOMME DE L'HUMANITÉ
LE BAPTÊME SERA CÉLÉBRÉ AU DOMICILE DES PARENTS
ÇA M'A L'AIR PARFAIT. POUR QUAND POUVEZ-VOUS NOUS IMPRIMER ÇA ?

ÇA Y EST PATRON, ON AURA LES CARTONS DANS 2 JOURS
OH QU'IL EST MIGNON !
MAIS ÇA CHIE BEAUCOUP À CET ÂGE-LÀ, DITES DONC !
JE VAIS FONCER ACHETER DES PAMPERS AVANT LA FERMETURE DU CARREFOUR
... POUR PAS QU'IL NOUS SALOPE TOUS LES NUAGES
AURIEZ-VOUS UN PEU D'ARGENT ? PARCE QUE JEN'AI RIEN. SUR MOI

ET POURQUOI C'EST TOUJOURS BALTHAZAR QUI DOIT PORTER LES FARDEAUX
NOUS SOMMES LES ROIS MAGES ET NOUS APPORTONS L'OR, L'ENCENS ET LA MYRRHE À L'ENFANT JÉSUS, FILS DE JOSEPH ET DE MARIE
DÉCHOLÉ, MAIS LA MADAME ELLE EST CHORTIE ET ICHI, IL N'Y A PAS LÉ NOM QUÉ VOUS AVEZ DITE
IÉ CHOUIS CONFOUCHE POUR LE DÉRANZEMENT
DANS CE CAS, NOUS REVIENDRONS MARDI POUR LUI SERRER LA PINCE

TOUS LES ANGES DU CIEL FURENT INVITÉS AU BAPTÊME ET CHACUN D'EUX OFFRIT UN DON AU PREMIER HOMME...

ET COMMENT SE FAIT-IL QUE JE N'AI PAS ÉTÉ INVITÉE ?!

ALORS, COMME ÇA, ON BAPTISE LE PREMIER HOMME DE L'HUMANITÉ EN INVITANT TOUT LE MONDE ET ON OUBLIE D'INVITER MAMAN ?
OUHLALAAA ! LA FEMME DU PATRON !!!!!
ÇA VA CHAUFFER

ÉCOUTE, JACQUELINE, LE MOMENT EST MAL CHOISI POUR UNE SCÈNE DE MÉNAGE. N'OUBLIE QUAND MÊME PAS QUE TU AS MIS NOTRE ENFANT AU CONGÉLATEUR
... QUE TU AS ÉGORGÉ ET CUISINÉ MON AMI LE MOUTON ET QUE TU M'AS BIEN FAIT CHIER, DE FAÇON GÉNÉRALE. MAIS JE SUIS PRÊT À PASSER L'ÉPONGE
SI TOUTEFOIS TU T'ENGAGES DE TON CÔTÉ À REVENIR À DE MEILLEURES DISPOSITIONS. MAINTENANT, IL EST VRAI QUE
TU AURAIS DÛ RECEVOIR UNE INVITATION AU BAPTÊME MAIS TU CONNAIS LA POSTE ET SES RATÉS

COMME IL EST DEVENU TOUCHANT, MON GROS BONHOMME DEPUIS QU'IL S'EST MIS À POUPONNER
AGAGA... POUTOUTOU !
ET QUI N'EST JOLI LE GROS BÉBÉ À SA MAMAN !
ET C'EST VRAI QU'IL EST MIGNON, CE BEAU BÉBÉ TOUT ROSE
HEIN ?
SA MAMOUNETTE ESPÈRE QU'IL N'A PAS ATTRAPÉ UN GROS RHUME DANS LE FRIGO !

VOUS ME PRENEZ POUR UNE CONNE, OU QUOI ?
J'VAIS T'EN FOUTRE, MOI, DU BÉBÉ CADUM !
AH AAAH, ON OUBLIE D'INVITER CARABOSSE !
VOUS PENSIEZ M'ATTENDRIR AVEC CE BOUT DE VIANDE TIÈDE ?
EH BIEN POUR TA PUNITION, JE VAIS LUI COLLER UNE MALÉDICTION À TON ÊTRE HUMAIN
NON, MAIS ! VOUS NE SAVEZ PAS À QUI VOUS AVEZ AFFAIRE ?
QUOI QU'IL FASSE OU DÉCIDE, IL SE COMPORTERA COMME UN CON
EN TOUTE CIRCONSTANCE !
ET VLAN !

ET CE FUT LE JOUR
LE PLUS TRISTE DE TOUTE
L'HISTOIRE DE L'HUMANITÉ

AH! AH! AH!
UNE PAIRE DE COUILLES SE CACHE PARMI LES NUAGES. ARRIVERAS-TU À LA LOCALISER ?

ALORS, DIEU, DANS SA GRANDE SAGESSE, DIT :

UNE FOIS LA FEMME DE DIEU PARTIE, NOS AMIS SE RETROUVÈRENT COMME DEUX CONS, AVEC UN BÉBÉ SUR LES BRAS
M'EST AVIS QUE C'EST MAL BARRÉ POUR OBTENIR LA GARDE ALTERNÉE ET J'AI COMME L'IMPRESSION QU'ON VA DEVOIR SE DÉMERDER TOUT SEULS
TU L'AS DIT, BOUFFI !
CELA DIT, IL FAUDRAIT FAIRE VOTER UNE LOI PARCE QU'IL Y A DES GENS QUI VONT NOUS DIRE QU'UN ENFANT A BESOIN D'UN PAPA ET D'UNE MAMAN ET QUE ÇA VA NUIRE À SON ÉPANOUISSEMENT D'ÊTRE ÉLEVÉ PAR DEUX MECS, DONT UN MOUTON

LES DEUX COMPÈRES APPRIRENT TRÈS VITE LES GESTES SIMPLES ET ATTENTIONNÉS DE TOUS LES JEUNES PARENTS, ET DIEU DIT :
AGAGA BOUDOUBOUDOU ! OÙ QUI N'EST LE GROS BÉBÉ À SON PAPA ?
HEIN, LE PIOUPIOU À SON KIKI ? 'Y FAIT DES GUILI-GUILI BOUZOU BOUDIOU ?
'Y VA N'AVOIR UN GROS BIBERON À LA MAISON !

AAALLEZ ! V'LÀ MACHIN QUI A ENCORE FAIM ! FAUDRAIT ALLER LUI FAIRE À MANGER
OUUUiiiiiiiiNNNN !!!
1. JE NE SUIS PAS LA BONICHE ! 2. ON EST LE 8 MARS, LA JOURNÉE DU MOUTON. 3. IL FAUDRAIT PEUT-ÊTRE LUI TROUVER UN NOM, À MACHIN ?
LE MONDE EN 6 JOURS

ON POURRAIT L'APPELER TOTO
MAIS ÇA NE FAIT PAS ASSEZ SÉRIEUX POUR LE PREMIER HOMME DE L'HUMANITÉ
OU MAMADOU, MAIS JE LE VERRAIS DANS UNE AUTRE COULEUR
OU ALORS, LUCY, MAIS ÇA FAIT UN PEU EFFÉMINÉ...
PAS MAL ! METS-LUI UNE CROIX ET JE VAIS ME PIEUTER
QUE PENSEZ-VOUS DE JÉSUS ?
JEVÉMEPIEUTÉ C'EST JOLI, PEUT-ÊTRE UN PEU LONG...
JE PROPOSE QU'ON DORME DESSUS

MAIS BONSOIR DE BONSOIR, OÙ AI-JE PU LA METTRE ?
VOUS N'AVEZ PAS VU MA BROSSE À DENTS ?
POURQUOI IL M'APPELLE ADAM ?
TIENS, C'EST PAS VILAIN COMME NOM, ÇA !
ALLEZ, AU DODO MOUTON !

ET LE JEUNE ADAM GRANDIT DANS UNE ATMOSPHÈRE FAMILIALE HARMONIEUSE ET DEVINT UN PETIT GARÇON VOLONTAIRE ET SERVIABLE

POUR MOI, CE SERA UN JUS POMME-POIRE-RAISIN
ET MOI, UN JUS DE PÊCHE
COMME IL EST MIGNON ! ON A BIEN FAIT DE LE COIFFER EN BROSSE, ADAM
ET ON SE DÉ-PÊCHE ! AH ! AH ! AH !
OUI, ÇA LUI VA BIEN
ALLONS, PETIT, DU NERF !
ON NE MOLLIT PAS !
CELA EST BON DE NE RIEN FOUTRE

OULALAAA ! LE PAUVRE BICHON ! IL EST TOMBÉ DANS LES POMMES !
ET COMME ELLES NE SONT PAS MÛRES, IL A DÛ SE FAIRE BIEN MAL !
C'EST PAS POUR CRITIQUER, MAIS VOUS AVEZ CRÉÉ LA PEAU DE BANANE TRÈS GLISSANTE

ET ALORS, COMMENT VA-T-IL ?
IL EST ENFERMÉ DEPUIS DEUX HEURES AUX TOILETTES
IL A DÛ AVALER 1 KG DE POMMES PAS MÛRES ! VOUS IMAGINEZ LE RÉSULTAT

UNE FOIS REMIS DE SES PROBLÈMES INTESTINAUX, LE JEUNE ADAM REPRIT UNE EXISTENCE DE PETIT GARÇON COMME TOUS LES AUTRES... EUH REPRIT UNE EXISTENCE DE PETIT GARÇON, CHASSANT LES MOUCHES, ARRACHANT LES AILES DES PAPILLONS, COUPANT LES VERS DE TERRE EN DEUX POUR VOIR SI LES DEUX MORCEAUX REPOUSSENT. BREF, IL S'OCCUPAIT COMME IL POUVAIT DANS LE PARADIS TERRESTRE...

ADAM SE MIT À ATTRAPER DU POIL AU KIKI ET DEVINT UN BEAU JEUNE HOMME

ET LES PREMIERS ÉMOIS DE L'ADOLESCENCE FIRENT LEUR APPARITION. CEPENDANT, NOTRE JEUNE AMI NE SAVAIT PAS TRÈS BIEN VERS QUI DIRIGER SES AVANCES,
ALORS, IL SE MIT À DRAGUER UN PEU AU HASARD
HELLO, BEAUTY ! PUIS-JE VOUS OFFRIR UNE PETITE DOUCEUR ?

LES HORMONES EN ÉBULLITION, NOTRE HÉROS TENTAIT SA CHANCE TOUS AZIMUTS

LE JEUNE ADAM S'ÉTANT PRIS UNE SÉRIE DE RÂTEAUX AUPRÈS DE TOUTES LES FEMELLES DE LA CRÉATION, IL VINT CHERCHER UN PEU DE RÉCONFORT CHEZ L'AMI DE SON PÈRE
ONCLE PASCAL, ON JOUE À SAUTE-MOUTON, DIS, ON JOUE À SAUTE-MOUTON ?
HEIN ?
ALLEEEZZZ !
MAIS VOYONS, ADAM, TU ES DEVENU FOU ?
VEUX-TU BIEN ME LÂCHER LA CROUPE IMMEDIATELY !
CE N'EST PAS DU TOUT COMME ÇA QUE ÇA SE JOUE
ATTENDS-MOI ICI, JE VAIS ALLER CHERCHER LE RÈGLEMENT

PATRON! PATRON!
ON EST DANS LA MÊÊÊÊ
...RDE !
OÙ SONT LES FÂÂÂÂMMES ? OÙ SONT LES FÂÂÂÂÂ...
QUOI ENCORE ?

ET DIEU FUT CONSTERNÉ D'APPRENDRE
QUE SON PROPRE FILS S'ÉTAIT
COMPORTÉ COMME UN GOUJAT

MON DIEU, MON DIEU ! JE VEUX DIRE : MYSELF, MYSELF, COMMENT AI-JE PU ENGENDRER TANT DE BASSESSE !
IL NE SERT À RIEN DE SE LAMENTER, PATRON ! VOUS AVEZ DOTÉ VOS CRÉATURES DE ZIZIS ET DE FOUFOUNES, IL EST NORMAL QU'ELLES VEUILLENT S'EN SERVIR. EN PLUS, VOUS LEUR AVEZ DIT DE CROÎTRE ET DE MULTIPLIER...
AVEC ADAM, JE PENSAIS QUE CE SERAIT DIFFÉRENT...
VOUS PLAISANTEZ OU QUOI ? EN PLUS, IL EST MONTÉ COMME UN ÂNE, J'SAIS PAS SI VOUS AVEZ REMARQUÉ ?
VOUS DEVEZ LUI TROUVER UNE FEMELLE, AU PETIT
ET ÇA VA LE CALMER

MON PETIT ADAM, TON PÈRE ET MOI NOUS SOMMES DIT QUE TU DEVAIS UN PEU T'ENNUYER TOUT SEUL ET QUE LE MOMENT ÉTAIT VENU DE T'ADJOINDRE UNE CAMARADE DE JEU AVEC QUI TU POURRAS JUGULER TON ISOLEMENT
ALORS, QU'EN DIS-TU ?
BIEN SÛR C'EST UNE ÉBAUCHE, JE DOIS ENCORE FIGNOLER
EUH...

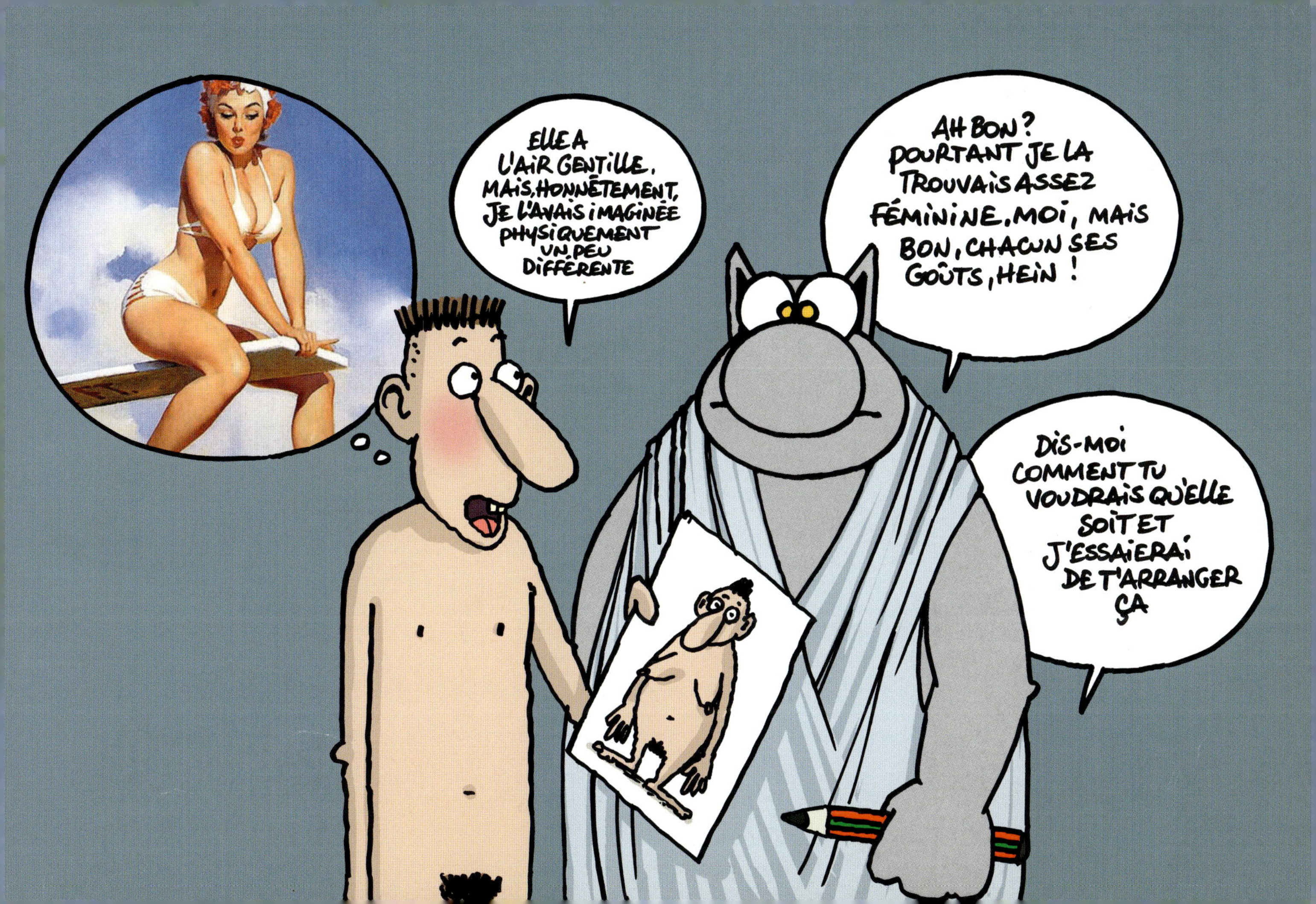
ELLE A L'AIR GENTILLE. MAIS, HONNÊTEMENT, JE L'AVAIS IMAGINÉE PHYSIQUEMENT UN PEU DIFFÉRENTE
AH BON ? POURTANT JE LA TROUVAIS ASSEZ FÉMININE, MOI, MAIS BON, CHACUN SES GOÛTS, HEIN !
DIS-MOI COMMENT TU VOUDRAIS QU'ELLE SOIT ET J'ESSAIERAI DE T'ARRANGER ÇA

OH OUI ! COMME ÇA, C'EST SUPER ! ET SI VOUS POUVIEZ LUI AJOUTER ENCORE DU NICHON, CE SERAIT PARFAIT
ET DIS-MOI SI TU LA PRÉFÈRES EN BLONDE OU EN ROUSSE, AVANT QUE JE PASSE LA COULEUR
LÀ-DESSUS, JE MANGERAIS BIEN UNE PETITE POMME, MOI
PAS DE POMMES ! COMBIEN DE FOIS DEVRAI-JE LE DIRE ? TU ES TOMBÉ DEDANS QUAND TU ÉTAIS PETIT

ET LE JOUR SUIVANT, DIEU CRÉA LA FEMME ET LUI DONNA LE NOM D'ÈVE
DAVE ?
NON, ÈVE !

C'EST DONC TOI, ADAM ?
EN EFFET, C'EST MOI ET JE TIENS À TE DIRE QUE
TU ES PLUS BELLE QUE TOUTES LES VACHES, LES GUENONS, LES DINDES, LES GIRAFES, LES MORUES
QU'IL M'AIT ÉTÉ DONNÉ DE FRÉQUENTER

OÙ M'EMMÈNES-TU, ADAM ?
AH ! HAAA ! TU VAS VOIR, PETITE IMPATIENTE ! JE T'EMMÈNE LÀ OÙ TU VAS CONSTATER QU'IL ÉTAIT TEMPS QUE TU ARRIVES

IL Y A UNE PETITE VAISSELLE À FAIRE
DIEU A EU TELLEMENT DE TRAVAIL AVEC LA CRÉATION DU MONDE QUE ÇA S'EST ACCUMULÉ
DONC, SI TU POUVAIS COMMENCER PAR ÇA, CE SERAIT SUPER ! MOI, JE DOIS FILER POUR UNE PETITE RÉUNION AVEC LES 2 AUTRES

LES JOURS, LES SEMAINES ET LES ANNÉES SE SUIVIRENT DANS CE VÉRITABLE PETIT PARADIS SUR TERRE...
AAAADAM!! LE DÎNER EST PRÊÊÊÊÊT!
EXCUSEZ-MOI, LES AMIS. JE VAIS DEVOIR Y ALLER, ON M'APPELLE
HÉ! HÉ! ON DIRAIT QU'ELLE TE PRÉPARE DE BONS PETITS PLATS, TA COPINE! TU N'AURAIS PAS UN PEU FORCI, D'AILLEURS?
PÛÛÛTAIN, MAIS COMMENT IL FAIT POUR SAVOIR TOUT SUR TOUT? IL VA DE NOUVEAU NOUS PLUMER

ALORS, ON DIRAIT QUE ÇA T'A PLU ?
PÂTÉ EN CROÛTE, RÔTI DE MARCASSIN ET PLATEAU DE FROMAGES
NE MANGE PAS TROP DE DESSERT, MON LOULOU, N'OUBLIE PAS QUE C'EST SUCRÉ !
CH'EST TROOOP BON, CH'PEUX PAS M'ARRÊTER
TA PETITE TARTE FINE EST UNE TUERIE !
C'EST UNE TARTE À QUOI ? À PROPOS ?

AUX POMMES ? ??!!?
JE LE LUI AVAIS POURTANT FORMELLEMENT INTERDIT !!

ADAM, JE SUIS TRÈS TRÈS DÉÇU PAR TON ATTITUDE INQUALIFIABLE ET TU SERAS PUNI
CELA DIT, JE N'AVAIS PAS REMARQUÉ COMME TON VISAGE RESSEMBLAIT À TA BITE
POUR LES POMMES, C'EST PAS MOI, C'EST ELLE
TA BITE ?
NON, ÈVE
ET EN PLUS, IL EST RAPPORTEUR !
PETIT FUMIER, VA !

J'AI ICI LA PREUVE, MONSIEUR LE PRÉSIDENT, QUE MES CLIENTS SONT INNOCENTS DES FAITS QUI LEUR SONT REPROCHÉS, CAR...
TIENS, VOUS AVEZ DE NOUVEAU UNE BARBE ?
OUI, EN EFFET, ELLE ME POUSSE QUAND JE SUIS CONTRARIÉ
MAIS POURSUIVEZ, MAÎTRE, POURSUIVEZ ...

JUGEZ PLUTÔT !
JE SUIS LÀ POUR ÇA, MAÎTRE
FONDÉ EN MOINS CINQ MILLIARDS D'ANNÉES
Nº 4567678 93600447
LE MONDE EN 6 JOURS
DU LUNDI AU VENDREDI. NE PARAÎT PAS LE DIMANCHE
NOTRE PHOTOGRAPHE ÉTAIT LÀ !
DIS-MOI, BELLE ENFANT, QUE DIRAIS-TU DE PRÉPARER UNE BONNE TARTE AUX POMMES À TON MARI ?
COMME C'EST AIMABLE, CHÈRE MADAME !
JUSTEMENT, JE DEVAIS ALLER AU MAGASIN ! VOUS ME FAITES GAGNER UN TEMPS PRÉCIEUX

MESDAMES ET MESSIEURS DU JURY, VOULEZ-VOUS ME COMMUNIQUER VOTRE VERDICT ?
COUPABLES

JE VOUS CHASSE DU PARADIS TERRESTRE CAR VOUS AVEZ MANGÉ DES POMMES ET JE VOUS AVAIS PRÉVENUS. DÉSORMAIS, VOUS VOUS DÉMERDEREZ SANS MOI
ALLEZ, ZOU ! PAR ICI LA SORTIE
MAIS, SEIGNEUR, NOUS SOMMES À POIL, NOUS NE POUVONS PAS SORTIR COMME ÇA ! DONNEZ-NOUS, AU MOINS, UN PEIGNOIR OU UNE SERVIETTE
OU UNE SIMPLE FEUILLE DE VIGNE
ET POUR LUI, UNE FEUILLE DE BANANIER, S'IL VOUS PLAÎT

C'EN EST BIEN FINI DE L'ÉTAT PROVIDENCE, MA CHÉRIE.
C'EST UN PETIT COUP DE PIED AUX FESSES POUR NOUS MAIS UN GRAND COUP DE PIED AU CUL POUR L'HUMANITÉ
N'EMPÊCHE QU'ON N'A RIEN À SE METTRE, RIEN À BOUFFER ET PLUS DE CHEZ-NOUS
IL VA FALLOIR QUE TU TE TROUVES UN BOULOT, MON POTE, VU QUE C'EST PAS AVEC CE QUE TU GAGNES AU POKER QUE TU NOUS FOURNIRAS LE GÎTE ET LE COUVERT
!

ET QUELQUES JOURS PLUS TARD...
QU'EST-CE QUE VOUS FAITES LÀ, VOUS AUTRES ?
PAREIL QUE VOUS : IL A DÉCOUVERT QU'ON AVAIT MANGÉ DES POMMES, ÇA L'A FOUTU DANS UNE ROGNE NOIRE ET IL NOUS A VIRÉS
S'IL NE VOULAIT PAS QU'ON MANGE DES POMMES, POURQUOI IL LES A CRÉÉES, ALORS ?
À MON AVIS, IL VEUT SE LES GARDER POUR FAIRE DU CIDRE ET DU CALVA
C'EST VRAI QU'IL PICOLE PAS MAL, DANS SON GENRE
EN TOUT CAS, S'IL VIRE TOUT LE MONDE, IL VA BIEN SE FAIRE CHIER, TOUT SEUL DANS SON PARADIS
ET DU COUP, IL N'AURA PLUS DE COPAINS MAIS IL AURA DES POMMES. BONJOUR L'AMBIANCE

ET COMME L'HIVER APPROCHAIT ET QUE SA FEMME N'AVAIT RIEN À SE METTRE, ADAM SE COMPORTA EN PREMIER HOMME, EN VRAI
ET PRENDS ÇA DANS TA GUEULE !
DÉSOLÉ, VIEUX, MAIS DÉSORMAIS, C'EST CHACUN POUR SOI
REGARDE, BIBICHE, CE QUE JE T'AI RAPPORTÉ
OH, ADAM !
IL EST MAGNIFIQUE, TU ES COMPLÈTEMENT FOU !

ADAM ET ÈVE S'INSTALLÈRENT DANS UNE PETITE CAVERNE OÙ ILS FURENT HEUREUX ET EURENT BEAUCOUP D'ENFANTS QU'ILS PRÉNOMMÈRENT CAÏN, ABEL, SETH, HUIT, NEUF, DIX ET ATCHOUM...

ADAM ET ÈVE DONNÈRENT ENCORE NAISSANCE À DE NOMBREUX ENFANTS QUI SE MIRENT À FORNIQUER ET À SE REPRODUIRE ENTRE EUX EN DÉPIT DU RISQUE DE DÉGÉNÉRESCENCE LIÉ À LA CONSANGUINITÉ - LES DESCENDANTS DU PREMIER HOMME ET DE LA PREMIÈRE FEMME DEVINRENT TOUS DE FIERS CHASSEURS
NE VOUS BLESSEZ PAS, LES ENFANTS

ET PUIS, UN JOUR, CAÏN ET ATCHOUM EURENT UNE GROSSE DISPUTE...
IL EST À MOI, C'EST MOI QUI L'AI VU LE PREMIER
FUMIER
TA FLÈCHE N'A FAIT QUE LE BLESSER
C'EST LA MIENNE QUI L'A TUÉ !
ORDURE

D'UN GESTE RAGEUR, CAÏN FRACASSA LE CRÂNE DE SON FRÈRE, INAUGURANT UNE TRADITION DE VIOLENCE QUE L'HUMANITÉ FERA SIENNE DE TOUS TEMPS ET SOUS TOUTES LATITUDES...

VOUS AVEZ VU ÇA, PATRON ?
QUEL GÂCHIS, PÛÛÛTAIN, QUEL GÂCHIS !

QU'AI-JE FAIT AU BON MOI-MÊME POUR MÉRITER UNE TELLE INFAMIE ?
MES CRÉATURES SE COMPORTENT COMME DES CONS ! J'AI DE NOUVEAU RATÉ MON COUP. NESTOR, ALLEZ ME CHERCHER NOÉ, JE VOUDRAIS LUI PARLER...
J'Y VOLE, SEIGNEUR
PAUV' BWANA ! TOI 'Y EN A TWISTE !

VOICI MON PLAN, MESSIEURS: JE VAIS TOUS LES EXTERMINER SOUS UN DÉLUGE D'EAU
NOUS SAUVERONS UN COUPLE HÉTÉRO DE CHAQUE ESPÈCE POUR ASSURER LA CONTINUATION DE LA VIE SUR TERRE, VU QUE JE COMMENCE À EN AVOIR PLUS QUE MARRE DE REPARTIR À ZÉRO À CHAQUE FOIS
ET TOI, NOÉ, TU CONSTRUIRAS UNE ARCHE POUR EMMENER TOUT CE PETIT MONDE
JAWOHL, MEIN FÜHRER

TANDIS QUE PASCAL LE MOUTON SE CHARGEAIT DE RASSEMBLER UN MÂLE ET UNE FEMELLE DE CHAQUE SOUS-ORDRE DU RÈGNE ANIMAL...
ALLEZ, LES GARS, ON NE MOLLIT PAS ET ON ÉVITE DE PÉTER. PENSEZ À CEUX QUI SUIVENT
ARF ARF

NOÉ SE MIT À CONSTRUIRE UNE ARCHE GIGANTESQUE EN GRAND SECRET
TIENS, QU'EST-CE QUE TU ES EN TRAIN DE FABRIQUER DE BEAU, NOÉ ?
EUH... RIEN, RIEN
JE BRICOLE

OR ADAM ET ÈVE SE DOUTANT QU'UN COUP FOIREUX SE PRÉPARAIT, REVÊTIRENT DES DÉGUISEMENTS ET SE GLISSÈRENT DANS LA QUEUE EN ESSAYANT DE LA REMUER, CRÉANT AINSI LE PREMIER ZEUGME DE L'HUMANITÉ

DE LOURDS NUAGES GRIS S'ÉTAIENT AMONCELÉS DANS LE CIEL ET UNE PETITE PLUIE COMMENÇAIT À TOMBER LORSQUE LE LONG CORTÈGE ARRIVA EN VUE DU CHANTIER DE NOÉ
VENEZ VOUS ABRITER SOUS MON ARCHE, BANDE DE PETITS VEINARDS

QUOI ?
PSSSSSWSSWUST
TU JURES ?
JE LE CROIS PAS ! JE LE CROIS PAS !!
IL EST ENCORE PLUS CON QUE TOUS LES AUTRES RÉUNIS !!

NOÉ !!
MAIS NOM DE DE DE
C'EST QUOI CETTE CONNERIE ??
JE SUIS CONFUS ! J'AI DÛ MAL COMPRENDRE, MEIN FÜHRER

!?
ON VOUS A BIEN EU, N'EST-CE PAS ?
ELLE EST BONNE, HEIN, PATRON ?
C'ÉTAIT UNE BLAGUE !

L'HUMOUR ÉTAIT NÉ ET DIEU VIT QUE CELA ÉTAIT BON ET IL EN PLEURA DE RIRE PENDANT 40 JOURS ET 40 NUITS ET SES LARMES ENFLÈRENT SUR LA TERRE ET TOUTES LES HAUTES MONTAGNES SOUS LES CIEUX FURENT RECOUVERTES

ET L'ARCHE VOGUA SUR L'IMMENSITÉ DES FLOTS AU MILIEU DE CADAVRES ET DE CARCASSES EN PUTRÉFACTION ET DE QUELQUES MALHEUREUX À BOUT DE FORCES SUPPLIANT D'ÊTRE SAUVÉS, MAIS, COMME DISAIT L'AUTRE, UN ORDRE EST UN ORDRE
♪ pluuus près de toi, mon Dieu, plus prèèèèès de ♪ Toooiiiiiiii ♫
... QUI N'AVAIT JA-JA-JAMAIS NAVIGUÉ, NOÉ, NOÉÉÉÉ
PITIÉ !
Blou Bloub

ET À L'AUBE DU 150ᵉ JOUR, SANS QU'ON SACHE TRÈS BIEN OÙ AVAIENT PU PASSER LES 4 MILLIARDS DE MILLIARDS DE M^3 (4.000.000.000.000.000.000.000 L) NÉCESSAIRES POUR RECOUVRIR LE GLOBE TERRESTRE JUSQU'AU-DESSUS DES MONTAGNES, L'ARCHE DE NOÉ ACCOSTA SUR LE MONT ARARAT ET LES PASSAGERS NE FURENT PAS MÉCONTENTS DE POUVOIR ALLER SE DÉGOURDIR LES JAMBES MÊME SI CERTAINS AURAIENT PRÉFÉRÉ ÉVITER UN TÊTE-À-TÊTE AVEC LEUR LÉGITIME APRÈS 5 MOIS DE PROMISCUITÉ AVEC LES AUTRES PASSAGERS...

JE NE TE PLAIS PLUS ? C'EST ÇA ?
MAIS VOYONS, MA BICHE, BIEN SÛR QUE TU ME PLAIS. QUELLE IDÉE !
POURQUOI TU FAIS LA GUEULE ?
SI TU CROIS QUE JE N'AI PAS REMARQUÉ TON PETIT JEU !
MAIS VOYONS, CHÉRIE, TU TE TROMPES !
TA DÉFENSE EST UN PEU FAIBLE. JE NE T'AI JAMAIS VU DANS UN ÉTAT PAREIL DEVANT UNE FILLE
IL NE S'EST RIEN PASSÉ ENTRE NOUS, ON A JUSTE PAPOTÉ
JE T'INTERDIS DE REVOIR CETTE DINDE, COMPRIS ?
JE T'AI BIEN ENTENDU LUI DIRE QU'ELLE ÉTAIT À BOUFFER !
CE N'ÉTAIT QUE GASTRONOMIQUE, RIEN DE SENTIMENTAL. TU ME CROIS, J'ESPÈRE ?
JE ME SUIS SENTIE HUMILIÉE !
CE N'EST PAS DU TOUT CE QUE TU CROIS
ARRÊTE ! JE VOUS AI BIEN VUS, TOUS LES 2. TU ME DÉGOÛTES
ET CES CORNES ? ELLES ME SONT VENUES COMMENT, HEIN ??

LORSQUE NOÉ DÉCOUVRIT QU'ADAM ET ÈVE AVAIENT TRICHÉ POUR SAUVER LEUR PEAU ET AVAIENT TAPÉ DANS LE STOCK DE NOURRITURE POUR LES LAPINS, IL FUT TRÈS FÂCHÉ. MAIS BON, COMME IL N'Y AVAIT PLUS RIEN À FAIRE, IL SE CONCENTRA SUR CE QUI ÉTAIT VRAIMENT IMPORTANT : REPEUPLER LA TERRE D'ÊTRES HUMAINS. ET NOÉ FIT, REFIT ET REREFIT CE QUI DEVAIT ÊTRE FAIT AVEC MADAME NOÉ.
CHAQUE FOIS QU'ON SE FAIT ENGUEULER, C'EST POUR UN TRUC QU'ON A MANGÉ
D'ABORD DES POMMES ET MAINTENANT DES CAROTTES !

ET LA SURFACE DE LA TERRE FUT REPEUPLÉE PAR LA DESCENDANCE DE NOÉ ET NOÉMIE : KOUSH (LE BIEN NOMMÉ), MISRAÏM, POUT ET CANAAN (LES FILLES, ELLES, ON NE CONNAÎT PAS LEUR NOM SUR WIKIPÉDIA), MAIS, DÈS QU'ILS FURENT À NOUVEAU UN CERTAIN NOMBRE, COMME SI C'ÉTAIT UNE FATALITÉ, LES HOMMES SE REMIRENT À SE TAPER SUR LA GUEULE.
SEULS, QUELQUES-UNS D'ENTRE EUX SEMBLAIENT S'APPRÉCIER MUTUELLEMENT.

ET SI LES RELATIONS ENTRE LES HOMMES ÉTAIENT SOUVENT TUMULTUEUSES, CELLES ENTRE MARIS ET FEMMES N'EN ÉTAIENT PAS MOINS COMPLIQUÉES...
OÙ VAS-TU ENCORE ?
EUH... NULLE PART, CHÉRIE !
J'AI UN SÉMINAIRE POUR LE BUREAU DU CÔTÉ DE GOMORRHE

UN PEU PLUS TARD, NON PAS À GOMORRHE, MAIS À SODOME...
METS TES 2 PIEDS EN CANAAAAAARD !! C'EST LA CHENILLE QUI REDÉMAAAARRE...

OULALAAAH QUE JE N'AIME PAS CE GENRE DE COMPORTEMENT !
ÇA COMMENCE PAR UNE FÊTE ENTRE COPAINS, ON BOIT UN COUP DE TROP ET 6 000 ANS PLUS TARD, ON FINIT PAR DEMANDER LE MARIAGE POUR TOUS
POUM ! DESTRUCTION DE SODOME
VOUS N'AVEZ PAS PEUR DE PASSER POUR UN GROS RÉAC HOMOPHOBE ?

JE VOUDRAIS SAVOIR SI ÇA VAUT ENCORE LA PEINE DE ME FAIRE SUER LA BITE POUR LA RACE HUMAINE
CE QUE JE VOIS, C'EST QU'ILS NE CHANGERONT JAMAIS
ILS SONT CONS ET ILS LE RESTERONT JUSQU'À LA FIN DES TEMPS
MOI, SI J'ÉTAIS VOUS, JE TROUVERAIS QUELQU'UN DE BIEN ET JE PASSERAIS LA MAIN

VOILÀ, MES BRAVES, JE CROIS QUE NOUS AVONS ACCOMPLI TOUT CE QUI ÉTAIT DIVINEMENT POSSIBLE ET LE MOMENT EST VENU DE LAISSER LES HOMMES SE DÉMERDER ENTRE EUX
CE QU'IL ME FAUT, C'EST UN TYPE DE TOUTE CONFIANCE, ISSU D'UN PEUPLE QUE JE DÉSIGNERAI ET QUI SERA MON REPRÉSENTANT SUR TERRE
PRÉSENT !
IL A DIT "UN TYPE", IL A PAS DIT "UN MOUTON," DUCON

ET-JE-DÉ-
CI-DE-QUE-LE
PEU-PLÉ-LU-
SE-RA
...CE-
LUI-
LÀ !
LES BELGES !
TIENS, ÇA EXISTE,
ÇA ?

CONDUISEZ-MOI À BRUXELLES, EN BELGIQUE

ET DIEU SONNA À LA PORTE DE CELUI QUIL AVAIT CHOISI PARMI LE PEUPLE DES ÉLUS
J'ESPÈRE QU'IL SERA CHEZ LUI !

VOUS ÊTES BIEN PHILIPPE GELUCK ?
OUI, C'EST MOI
À QUI AI-JE L'HONNEUR ?
JE SUIS DIEU ET JE SUIS VENU TE PARLER
DÉSOLÉ, MAIS SI VOUS N'AVIEZ PAS RENDEZ-VOUS, JE NE PEUX PAS VOUS RECEVOIR

iL SE FOUT DE MA GUEULE OU QUOi ?
BLAM !

VOUS AURIEZ VU VOTRE TÊTE !
MAIS, NON, ENTREZ, SEIGNEUR, JE PLAISANTAIS !
JE ME DISAIS AUSSI...

ALORS, SEIGNEUR, QU'EST-CE QUI VOUS "AMEN"?
HEIN? Hi! Hi!
J'VOUS SERS UN P'TIT COUP?
C'EST UNE LONGUE HISTOIRE, CHER GELUCK, ET JE CROIS QU'IL N'Y A QUE TOI QUI POURRAS M'AIDER

ALORS, DIEU RACONTA SON INCROYABLE HISTOIRE À GELUCK QUI PRIT DES NOTES POUR ÊTRE SÛR DE N'OUBLIER AUCUN DÉTAIL
TSSSS
TOUT CELA PEUT TE PARAÎTRE EXTRAVAGANT, MON CHER GELUCK ET POURTANT, C'EST LA VÉRITÉ VRAIE
TOUT CE QUE JE TE DEMANDE MAINTENANT, C'EST DE RACONTER CETTE HISTOIRE AVEC DES PETITS DESSINS ET DE TRANSMETTRE MON MESSAGE AUX GÉNÉRATIONS PRÉSENTES ET FUTURES

TIENS, JE T'AI APPORTÉ QUELQUES NOTES PERSONNELLES RÉSUMANT EN 11 POINTS LES GRANDES LIGNES DE MA PENSÉE
LES 4 PREMIERS POINTS, JE N'EN SUIS PAS TRÈS FIER, C'EST DE L'AUTO-PROMOTION, DANS LE GENRE "IL N'Y A QU'UN SEUL DIEU ET C'EST MOI", "GARE À CELUI QUI EN ADORERAIT UN AUTRE..."
ENSUITE, CE SONT LES CHOSES AUXQUELLES JE TIENS VRAIMENT : "PROFITE DE LA VIE, TU N'EN AS QU'UNE", "NE FAIS PAS CHIER LES AUTRES", "NE CROIS PAS QUE TON IDÉE EST FORCÉMENT MEILLEURE QUE CELLE D'AUTRUI", "VEILLE SUR CEUX QUE TU AIMES", ETC, ETC.
MAIS LE PLUS IMPORTANT EST LE ONZIÈME COMMANDEMENT : "TU RIRAS DE TOUT, CAR VU QU'ON VA TOUS CREVER UN JOUR OU L'AUTRE, SEUL L'HUMOUR TE PERMETTRA D'AVOIR UN PEU DE RECUL SUR LES VICISSITUDES DE L'EXISTENCE"

POUR PROPAGER MA PAROLE, TU PUBLIERAS DES ALBUMS DE BANDE DESSINÉE
ET SI ON TE PROPOSE DE FAIRE DES POSTERS, DES MUGS, DES CHOCOLATS OU DES PELUCHES, FAIS-LE POUR MOI, FAIS-LE POUR TES FRÈRES HUMAINS, FAIS-LE POUR LES PROTÉGER DU MAL
ET MAINTENANT, JE VAIS TE RÉVÉLER MON PREMIER GAG
QUE TA VOLONTÉ SOIT FAITE, SEIGNEUR

ALORS, GELUCK PARTIT SUR LES CHEMINS ET DISTRIBUA SANS COMPTER LES BONS MOTS DE DIEU ET SAUVA AINSI L'HUMANITÉ DE LA MOROSITÉ DANS LAQUELLE ELLE ÉTAIT EN TRAIN DE SOMBRER
PIF PAF POUF
C'EST UN BON DÉBUT

LÀ-DESSUS, DIEU NE BOUDDAH PAS SON PLAISIR ET S'EN ALLAH CAR IL N'Y YAVEH PLUS RIEN À AJOUTER
ET VOILÀ UNE AFFAIRE RONDEMENT MENÉE
N'EST-CE PAS, MON VIEUX MILOU ?
J'AI TOUJOURS CRU EN VOUS, PATRON

THE END

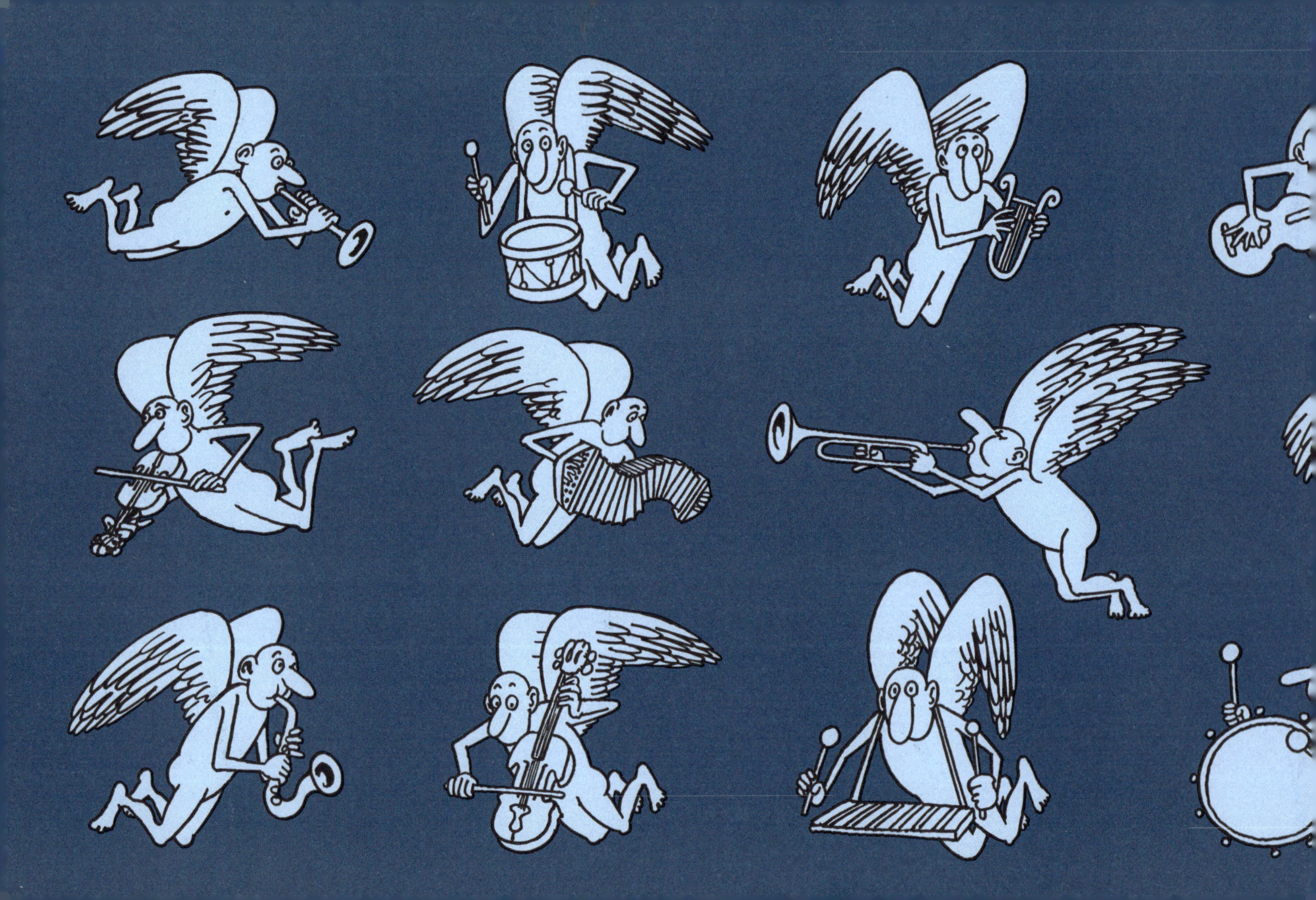